el secuestro

Fran Nortes
(Elda, 1976)

Es un actor y dramaturgo español. Su formación y experiencia como actor le lleva a iniciarse en la escritura usando los elementos que conoce del oficio; los actores, los personajes, los diálogos, el ritmo, los conflictos... y una historia que contar.

Su primera obra, *La extinción de los dinosaurios* era una comedia negra, personal, de tintes berlanguianos, que retrataba las retorcidas relaciones de poder en tiempos de crisis. Se estrenó en junio de 2014 en el teatro Lara de Madrid dirigida por Gabriel Olivares con Eloy Arenas, Carlos Chamarro, Diana lázaro y él mismo como actores.

Su segunda obra, *El secuestro*, es una comedia blanca, directa. Una obra de gente de la calle y políticos, de familia que se quiere como se quieren las familias y que nos recuerda que con humor y una escopeta de cartuchos es siempre mucho mejor. Se estrenó el 19 de agosto de 2016 en el teatro Fígaro de Madrid. *El secuestro* se ha estrenado en México, Argentina, Panamá, Uruguay, Polonia e Italia.

Su tercer texto, *Cádiz*, parte de la observación de la estupidez masculina y de la necesidad de cambio de la definición de ser «hombre». Se estrenó el 23 noviembre de 2019 en el teatro Lara de Madrid. Después de cinco años, sigue en cartel.

¡Sssssshhhhhhhhhhh!

Haz del teatro algo íntimo

Llévalo siempre en el bolsillo

Cubierta y diseño editorial: Éride, Diseño Gráfico
Dirección editorial: ángel jiménez

Primera edición: abril, 2025

el secuestro
© Fran Nortes
© VdB, 2025
Espronceda, 5
28003 Madrid

VdB®

ISBN: 979-13-87644-00-0
Depósito Legal: M-8457-2025
Diseño y preimpresión: Éride, Diseño Gráfico

Este libro protege el entorno

FRAN NORTES

el secuestro

Esta función se estrenó en el Teatro Fígaro, de Madrid,
el 19 de agosto de 2016, interpretada por Leo Rivera (MANOLO),
Jorge Roelas (PACO), Diana Lázaro (MONTSE), Fran Nortes (ÁNGEL)
y Carlos Heredia (MINISTRO).

Dirección: Gabriel Olivares.

A Antonio Fuentes
y al teatro Lara de Madrid
por su labor de producción.

Personajes

ÁNGEL
PACO
MONTSE
MANOLO
MINISTRO

Salón de casa familiar. A la izquierda, la entrada de la calle; a la derecha, un pasillo que da al dormitorio de matrimonio; en el centro, dos puertas. La más cercana a la salida es la cocina, la otra es el baño. En el escenario, un sofá, un mueble y una mesa de comedor con varias sillas, una de oficina, con ruedas, en esta última un hombre, ÁNGEL, vestido con traje, de unos treinta años, atado y con un saco en la cabeza, sin conocimiento. De la cocina sale PACO, de unos cincuenta años, intentando encender un mechero sin conseguirlo. Abre el cajón del mueble y prueba varios mecheros, el último funciona. De lo alto del mueble saca un cenicero y un paquete de Marlboro, se enciende un cigarro. ÁNGEL comienza a moverse.

ÁNGEL   ¿Hola?..., ¿hola?... (PACO, *nervioso, revisa el salón y le da la vuelta a algunas fotos familiares.*) ¿Estoy atado, me has atado? Esto no tiene ni puta gracia.

(PACO *se sienta enfrente de* ÁNGEL.)

PACO   Necesito que te tranquilices. Ahora me vas a escuchar y vas a hacer todo lo que...

(ÁNGEL *olisquea.*

ÁNGEL   ¿Estás fumando?

PACO   ¿Qué?

ÁNGEL   ¿Que si estás fumando?

PACO   No... sí.

ÁNGEL   ¡Apaga eso inmediatamente! ¡Si quieres tener cáncer de pulmón es cosa tuya!

PACO   De lo último que tienes que preocuparte ahora es del cáncer de pulmón.

ÁNGEL   ¿Vas a matarme?

PACO   ¿Qué? No, no voy a matarte.

ÁNGEL   Entonces entenderás que me preocupe el cáncer de pulmón.

PACO   ¡Me importa un huevo! Ahora me vas a escuchar y todo acabará enseguida, ¿vale?

ÁNGEL   ¿Has apagado el cigarro?

PACO   No.

ÁNGEL   No pienso hablar contigo hasta que no apagues el cigarro.

PACO   ¡Mira, estoy sometido a mucho estrés y cuando me estreso fumo!

ÁNGEL   ¿Tú estás sometido a mucho estrés? ¿Yo estoy atado con un saco en la cabeza y tú estás sometido a mucho estrés?

(PACO *apaga el cigarro.*)

PACO   Vale, ya está. (PACO *tiene la cartera de* ÁNGEL, *saca su DNI y lee.*) Eres Ángel Jiménez, el hijo del ministro Jiménez.

ÁNGEL   ¿No sabes a quién has secuestrado?

PACO   Sí, sí lo sé, estaba asegurándome... ¿Me vas a contestar a lo que te pregunto o me vas a estar tocando los huevos todo el rato?

ÁNGEL   Depende.

PACO   ¿Cómo qué depende?

ÁNGEL   ¿Me vas a quitar el saco de la cara?

PACO   No.

ÁNGEL   Me pica.

PACO   No te voy a quitar el saco de la cara.

ÁNGEL   Vale.

PACO   Esto podemos hacerlo por las buenas o por las malas.

ÁNGEL   ¿Puedo elegir?

PACO   Me vas a contestar a lo que te pregunte y todo va a ser muy fácil, ¿vale?

ÁNGEL   Vale.

PACO   ¿Eres Ángel Jiménez, el hijo del Ministro Jiménez?

ÁNGEL   No.

PACO   ¡No me jodas eh, no me jodas! (*Con el dni en la mano.*)¡Eres Ángel Jiménez, lo estoy leyendo!

ÁNGEL   ¿Si lo estás leyendo, para qué preguntas?

PACO   ¡Es un formalismo!

ÁNGEL   ¡Quítame el saco de la cara!

PACO   ¡No !

ÁNGEL   Se trasparenta todo.

PACO   ¿Qué?

ÁNGEL   Que se transparenta, te estoy viendo.

PACO   No es verdad.

ÁNGEL   ¿Lo has probado antes?

PACO   ¿Cómo que si lo he probado?

ÁNGEL   Si lo has probado antes, si te has puesto tú el
                saco en la cabeza y has comprobado que no
                se veía nada.

PACO   No, no lo he probado.

ÁNGEL   Ves, ahora mismo te estoy viendo.

                (PACO *pone la mano delante de la cara de* ÁN-
                GEL, *la agita y saca tres dedos.*)

PACO   ¿Cuántos dedos hay?

ÁNGEL   ¿Dos?

PACO   Casi.

ÁNGEL   ¡Quítame el saco no puedo respirar, soy as-
                mático!

PACO   Perdona, no lo sabía, voy a quitarte el saco,
                dame un minuto. (PACO *sale del salón por la
                derecha y vuelve con una careta de «La bella
                durmiente», le quita a* ÁNGEL *el saco de la cara.*)
                Vale, ¿mejor?

ÁNGEL   Mejor.

PACO   Eres Ángel Jiménez, el hijo del ministro Jiménez.

ÁNGEL   ¿Y tú eres Blancanieves?

PACO   Esta es La bella durmiente... bueno, da igual. Eres Ángel Jiménez, el hijo del ministro Jiménez.

ÁNGEL   ¿Primer secuestro?

PACO   No.

ÁNGEL   ¿Seguro? No pasa nada. Es que se nota, se nota mucho.

PACO   ¿En qué?

ÁNGEL   En los detalles; un profesional me habría llevado a un piso franco o a un sótano, esta es tu casa ¿no?

PACO   ¿Tú cómo sabes todo eso?

ÁNGEL   Soy rico, nos daban cursillos en los campamentos de verano.

PACO   ¿Os daban cursillos sobre secuestros?

ÁNGEL   No, se te nota un huevo, suéltame.

PACO   No.

ÁNGEL   Vale, vale. Ahora te lo voy a poner fácil, tú me sueltas, me voy y aquí no ha pasado nada.

PACO   No puedo.

ÁNGEL   No, no quieres porque no me escuchas ¡Tú no sabes quién soy yo!

PACO   Eres Ángel Jiménez. El hijo del...

ÁNGEL   ¡Ya sé que sabes quien soy!

PACO   Entonces para qué... da igual, no te voy a soltar.

ÁNGEL   Vale, ¿qué quieres?

PACO   Joder a tu padre.

ÁNGEL   ¿Y por qué no lo secuestras a él? Eso le molestaría mucho más.

PACO   Necesito que haga algo por mí y si lo secuestro a él no puede hacerlo. La clave.

ÁNGEL   ¿Para qué quieres tú la clave?

PACO   Para llamar a tu padre.

ÁNGEL   Mi padre no te va a dar un duro.

PACO   No quiero dinero.

ÁNGEL   Todos queremos dinero.

PACO   No, yo quiero que me dejen trabajar. Dame la clave.

ÁNGEL   No.

PACO   ¡La madre que me parió, que me des la clave!

ÁNGEL   ¡Que no!

PACO   Te vuelvo a poner el saco en la cara.

           (PACO *coge el saco y se dirige a* ÁNGEL.)

ÁNGEL   Siete, nueve, uno, dos... pero mi padre no te va a dar un duro, ni va a ceder a tus peticiones...

           (PACO *pone un trozo de cinta en la boca a* ÁNGEL *a modo de mordaza.*)

PACO   ¿Siete, nueve, uno, dos?

ÁNGEL   (*Con la mordaza puesta.*) ¿Ahora me lo preguntas?

PACO   A ver: contactos, «Papá». (*Intentan abrir la puerta de entrada. luego tocan al timbre.*) ¡Tú calladito! (PACO *se acerca a mtrar por la mirilla.* ÁNGEL *comtenza a grttar con la mordaza puesta.*) ¡Me cago en la leche!

(PACO *se acerca a la mesa, coge un frasco con cloroformo, empapa un pañuelo y duerme a* ÁNGEL, *vuelve a dejar el frasco en la mesa. El móvil de* PACO *empieza a sonar,* PACO *lo busca desesperado para silenciarlo. Se oye una voz de mujer detrás de la puerta.*)

MONTSE   (*Voz en off.*) Paco, ábreme, estoy oyendo el móvil, sé que estás ahí dentro.

PACO   ¡Joder, joder, joder!

MONTSE   (*Voz en off.*) ¡Ábreme o llamo a los bomberos para que tiren la puerta abajo!

PACO   ¡Me cago en la leche!

MONTSE   (*Voz en off.*) ¡Estoy marcando, tú verás, te va a costar un huevo la cerradura nueva!

PACO   ¡Voy! (PACO *se mueve rápidamente; cubre a* ÁNGEL *con el mantel de la mesa, lleva la silla a la cocina, coloca la fregona y la escoba sobre* ÁNGEL *completando el camuflaje, quita el cloroformo de la mesa y lo deja en el mueble bar, se levanta la careta de la bella durmiente, se la pone a modo de diadema y se dirige hacia la puerta* —*cerrada con la llave puesta*— *y abre. Entra* MONTSE, *la hermana de* PACO, *de unos treinta y cinco años.*) ¿Qué haces aquí?

MONTSE   Me ha llamado tu mujer preocupada, dice que la has mandado con la niña a pasar el fin de semana a Zaragoza con sus padres, que estás muy raro y que no sabe si vas a hacer alguna tontería. Y yo le he dicho que si piensa que vas a hacer una tontería que para qué cojones te deja solo. ¿Por qué has cerrado con llave?

PACO   Por nada.

MONTSE   Luego le he dicho que tú no eres de los que hacen tonterías, que a lo sumo te habrías suicidado o tendrías un lío.

PACO   ¿Le has dicho a mi mujer que tenía un lío con otra?

MONTSE   Sí, pero no me ha creído, lo del suicidio sí y me ha pedido que viniera a ver cómo estabas.

PACO   Pues ya me has visto, estoy bien.

MONTSE   ¿Qué haces con la careta de «La sirenita»?

PACO   Esta es La bella durm... da igual. Nada.

MONTSE   ¿Has fumado?

PACO   Sí, pero poco.

MONTSE   He traído lenguado para cenar. Manolo sube ahora, está aparcando.

PACO   ¿Manolo sube ahora?

MONTSE   Sí, él también está bastante tocado con lo del mercado, estaba hecho una fiera, quería coger la escopeta de cartuchos de su abuelo y plantarse en casa del ministro, pero en la manifestación de esta tarde le han dado con una pelota de goma en los huevos y se ha quedado mucho más tranquilo. ¿No has ido a la manifestación?

PACO   No, no he ido, me parece una pérdida de tiempo y lo único que se puede sacar yendo es hacerse mala sangre.

MONTSE   Y un pelotazo en los huevos, pero algo habrá que hacer, mejor ir a la manifestación que quedarse en casa deprimido pensando en el suicidio.

PACO   Yo no quiero suicidarme.

MONTSE   Porque eres un inconsciente que no se hace cargo de su situación, tienes cincuenta años y te van a cerrar el puesto, yo por lo menos estoy haciendo un cursillo de informática.

PACO   ¿Tú has venido para ayudarme o para hundirme?

MONTSE   Tienes razón, hago el lenguado.

PACO   ¡No! Mejor te vas, ayudarme es hacer lo que a mí me viene bien, no lo que a ti te dé la gana.

MONTSE   ¿Me estás echando?

PACO   No, es que me apetece estar solo.

           (*Tocan al portero automático.*)

MONTSE   Manolo.

           (MONTSE *abre y vuelve dejando la puerta abierta.*)

PACO   Montse, me apetece estar solo.

MONTSE   Pues nos comemos el lenguado y nos vamos.

PACO   ¡Joder, Montse!

MONTSE   Manolo ya ha aparcado y con lo que le cuesta sentarse en el coche después del pelotazo no le voy a decir que nos vamos ya. Uy, me meo.

           (MONTSE *le da el lenguado a* PACO *y va al baño. * PACO *corre a la cocina, empuja la silla con* ÁNGEL *bajo el mantel a la habitación de matrimonio –por la salida de la derecha– pero antes de llegar aparece* MANOLO *por la entrada de la casa que* MONTSE *había dejado abierta.*)

MANOLO   ¡«Cuñao»!

           (PACO *se sobresalta y da un empujón a la silla que desaparece por la derecha, se escucha un fuerte golpe.*)

PACO   ¡Virgen santa!

            (PACO *cierra la puerta de la habitación,* MANO-
            LO *entra, va cojeando, se sienta con mucho es-
            fuerzo.*)

MANOLO   ¿Qué haces?

PACO   Empujo cosas, me relaja.

MANOLO   Vale. Pensábamos que te habías suicidado.

PACO   Pues ya ves que no.

MANOLO   Como no has venido a la manifestación... tú
            mucho lerele y poco lirili, han ido los antidis-
            turbios, me he encendido y les he lanzado los
            tomates del puesto de la Marga, me han dado
            un pelotazo en los huevos, de esta igual sal-
            go en El País (MANOLO *se ha sentado en una si-
            lla pero no encuentra la postura.*) ¿Tienes un
            cojín?

            (*Sale* MONTSE *del baño.*)

MONTSE   ¿Te ha enseñado ya el pelotazo? (MANOLO *co-
            mienza a bajarse los pantalones.*) Voy hacien-
            do el lenguado.

            (*Yendo a la cocina.*).

PACO   ¡No tengo hambre!, ¿y tú qué haces?

MANOLO   Enseñarte el pelotazo.

PACO   ¡Súbete los pantalones!

MANOLO   ¿Seguro? No has visto una cosa así en tu vida, hasta se ve el número de serie de la bola.

PACO   ¡Qué te subas los pantalones!

MONTSE   (*Desde la cocina.*) Deja que te lo enseñe, le hace ilusión.

PACO   ¡No le quiero ver nada a tu marido!(*Suena el teléfono de* PACO, *lo coge.*) ¿Diga? (...) Hola, Pili (...)

MONTSE   (*Desde la cocina.*) Yo voy haciendo el lenguado.

PACO   Qué no, qué no tengo hambre. Manolo, dile a tu mujer que no tengo hambre.

MANOLO   No tiene hambre. ¿No tendrás unos hielos?

PACO   ¡Montse, dale unos hielos a tu marido! (*Al teléfono.*) Pili, ¿le has dicho a mi hermana que viniera a casa? (...) Te digo que necesito estar solo y le dices a mi hermana que venga a vigilarme, ¿para qué cojones te vas a Zaragoza si vas a mandar a mi hermana? (...) ¡No voy a suicidarme! (...) No te estoy gritando, perdóname, estoy muy estresado (...) ¡No, no me pases a la niña! (*Le pasa a la niña.*) Holaaaa mi amor, ¿lo estás pasando bien con los abuelos?

(*Se oyen ruidos que vienen de la habitación donde está el secuestrado.*)

MANOLO   ¿Qué es ese ruido?

PACO   El gato.

MANOLO   ¿El gato, qué gato?

PACO   (*Todavía con el teléfono en la mano.*) Le he comprado un gato a la niña (*Al auricular.*) (...) ¿Qué? (...) Sí, mi amor, papá te ha comprado un gato. Te paso al tío Manolo, que quiere hablar contigo (*Le da el teléfono a* MANOLO.) Toma, habla con tu sobrina.

(PACO, *se dirige a la habitación donde está el secuestrado. Cuando* PACO *entra en la habitación* MONTSE *sale de la cocina con los hielos.*)

MANOLO   (*Al teléfono.*) Hola, Pilarín guapa, ¿sabes que al tío Manolo le han dado un pelotazo en los huevos esta mañana y a lo mejor sale en El País? (...) Un periódico, dile a tu mamá que lo compre mañana (...)

(*Se vuelven a escuchar ruidos desde la habitación.*)

MONTSE   ¿Qué es ese ruido?

MANOLO   Tu hermano que le ha comprado un gato a la
          niña.

MONTSE   Si es alérgico.

MANOLO   (*Al auricular.*) Ah... hola Pili, soy Manolo (...)
          Sí, todo bien (...) Te paso a Montse, ¡compra
          El País mañana!

          (*Le pasa el teléfono a* MONTSE, *esta lo coge y le
          da el hielo a* MANOLO.)

MONTSE   Hola, Pili (...)Tu marido ha ido a ver al gato
          (...) El que le ha comprado a la niña (...) Yo
          qué sé, será uno de esos hipoalergénicos (...)
          (MONTSE *se queda súbitamente seria.*) ¿Qué?
          (...) No, no me ha dicho nada (...) ¿Y cuán-
          do? (...) Nada, mujer, nada (...) Vale, yo se lo
          digo, hasta luego guapa (...) No te preocupes,
          besos.

MANOLO   Igual deberíamos irnos, yo lo veo agobiado.

MONTSE   Ya, ¿y si se suicida, vas a aguantar tú a Pili?

MANOLO   Que no se va a suicidar, está jodido y ya está.
          (*Se coloca una y otra vez, no encuentra la pos-
          tura.*) Me tenía que haber puesto el pantalón
          del chándal.

MONTSE   Esa manía tuya de ir guapo a las manifesta-
          ciones.

MANOLO   ¿Y si salgo en El País?

MONTSE   Les van a quitar la casa.

MANOLO   ¿Qué?

MONTSE   Que me ha dicho Pili que se van a Zaragoza a vivir a casa de sus padres.

MANOLO   ¿A Zaragoza, y qué va a hacer tu hermano en Zaragoza?

MONTSE   Vivir en casa de sus suegros porque les quitan la casa. ¿Tú no me escuchas cuando te hablo?

MANOLO   Pero si no soporta a su suegra, ni al hermano de la Pili, dice que es un gordo tatuado, que cada vez que viene le deja la ducha llena de pelos.

          (PACO *sale de la habitación con la careta puesta y cierra la puerta.*)

PACO   El gato está bien, no se ha roto nada (*Se percata de que* MONTSE *y* MANOLO *están muy serios.*) El gato está bien.

MANOLO   El gato, dice. Lo sabemos todo.

MONTSE   Nos lo tenías que haber dicho.

PACO   ¿Cómo cojones os habéis enterado?

MANOLO   Montse lo sabe todo, es como una madre.

PACO   Vamos a tranquilizarnos.

MANOLO   Estas decisiones tienen consecuencias, ¿tú sabes lo que es estar todo el dia vigilando por si te entra un gordo tatuado en la ducha?

PACO   Peor estamos ahora.

MANOLO   Me parece increíble que no me hayas dicho nada.

PACO   ¿Te habría parecido bien?

MONTSE   Paco, antes de hacer algo asi echas el curriculum en el Carrefour, a Manolo lo han cogido de aprendiz para la pescadería.

PACO   Manolo tiene treinta y cinco años, yo cincuenta.

MANOLO   Yo no he echado el curriculum en el Carrefour.

MONTSE   Te lo he echado yo, lo hice en el cursillo de informática.

MANOLO   ¿De aprendiz? Yo soy pescadero desde hace diecisiete años y sindicalista.

MONTSE   ¡Tú harás lo que se te diga!

MANOLO   Vale.

PACO   He echado curriculum en el Carrefour y en todos los supermercados de la zona, soy muy mayor, Montse.

MANOLO   ¿Y con quién juego yo al mus ahora?

MONTSE   Cállate, Manolo.

MANOLO   Vale.

PACO   Mira, vosotros hacéis cómo que no os habéis enterado, esto es cosa mía, os vais a casa y aquí no ha pasado nada.

MANOLO   No ha pasado nada no, ¿te vas a venir de Zaragoza todos los sábados para jugar al mus?

PACO   ¿Zaragoza?

MONTSE   Pili nos ha dicho que os vais a Zaragoza, a vivir con sus padres.

PACO   ¿Ya se lo ha dicho a sus padres?

MONTSE   Sí, dice que están encantados, que así ven más a la niña, que no te preocupes.

MANOLO   ¿Tú sabes lo que cuesta el AVE?

PACO   Todavía no me han quitado la casa.

MANOLO   ¿Eso lo dices para que me sienta mejor?

MONTSE   Manolo, cállate. Voy a apagar el fuego que se me quema el aceite.

        (MONTSE *sale,* MANOLO *se levanta y torpemente abre un mueble, saca un parchís y una botella de pacharán.*)

PACO   ¿Qué haces?

MANOLO   Recojo mis cosas. Me llevo el parchís... (*Le da la vuelta al tablero.*) y la oca.

PACO   Manolo...

MANOLO   ¡Manolo, no! Y me debes seis euros de la primitiva.

PACO   Manolo...

MANOLO   ¿Y el gato?

PACO   ¿Qué pasa con el gato?

MANOLO   Que yo no me quedo con el gato si Pilar no lo quiere, que no lo va a querer, ya me quedé con el hámster cuando Pilarín se cansó de él. Uno tiene que ser responsable.

MONTSE   Manolo cállate.

MANOLO   ¡No, hay cosas que uno lleva dentro y hay que sacarlas... por eso no has venido a la manifestación, claro, tú ya no eres de aqui, tú eres maño! (*Se dirige a la puerta cojeando.*) ¡Montse coge el lenguado, te espero en el coche!

(*Sale lentamente y cierra de un portazo.*)

MONTSE   Perdónalo, lo pasó muy mal con la muerte de Frodo.

PACO   ¿Quién es Frodo?

MONTSE   El hámster. Te va a echar mucho de menos. (*Va recogiendo.*) Ya sabes que si nosotros pudiéramos... pero ahora que nos cierran el puesto...

PACO   Ya, ya lo sé.

MONTSE   ¿Te dejo el lenguado?

PACO   No, llévatelo.

MONTSE   Te lo dejo. Ahora hablo con él y se le pasa, luego te llamo.

PACO   Vale.

MONTSE   Siento mucho lo de la casa.

PACO   Nada, bájate con Manolo, que te estará esperando.

MONTSE   Ése tarda una hora en llegar al coche. ¿Vas a estar bien?

PACO   ¡Qué sí, mujer! Luego hablamos. (*Sale* MONTSE. PACO *entra corriendo en la habitación y saca la silla con* ÁNGEL, *que se agita bajo el mantel, lo va a destapar pero antes se da cuenta de que no lleva la careta de La bella durmiente y se la vuelve a poner.* PACO *destapa a* ÁNGEL.) ¿Estás bien?

ÁNGEL   Ya verás como al final me vas a hacer daño.

PACO   (*Le pone la mano en la boca.*) Vale, estás bien. Ahora vas a escucharme. Vamos a llamar a tu padre y le vas a decir que mañana en la junta tiene que votar «no» al proyecto de obra en el mercado de La Latina, ¿me entiendes? (ÁNGEL *asiente de mala gana.*) Ahora te voy a quitar la mano.

ÁNGEL   ¡No me vuelvas a tapar la boca, soy claustrofóbico!

PACO   ¿No eras asmático?

ÁNGEL   Da igual, me agobio.

PACO   Tomo nota, ahora voy a llamar a tu padre y le dices que si quiere volver a verte...

ÁNGEL   Si esto es por el mercado lo tienes peor de lo que pensaba, así que ya puedes matarme.

PACO   Yo no quiero matar a nadie.

ÁNGEL   Pues ya me dirás qué hacemos, mi padre no va a ceder, es un hijo de puta.

PACO   Me da igual, le dices que si quiere volver a verte tiene que votar «no» en la junta del lunes.

(PACO coge el móvil que hay encima de la mesa.)

ÁNGEL   ¿Tú sabes la de trapícheos que ha tenido que hacer para cerrar el acuerdo con la constructora levantina, lo que cuesta amañar un concurso?

PACO   ¿Ha amañado el concurso?

ÁNGEL ·   Es mucho dinero, no va a ceder.

PACO   Ya veremos, ¿cuál era la clave?

ÁNGEL   Tú mismo, cuanto antes hables con mi padre antes vienen los GEOS... siete, nueve, uno, dos.

(PACO marca la clave.)

PACO   Me da error.

ÁNGEL   Pues es esa, la habrás marcado mal.

PACO   Siete, nueve, uno, dos. ¡Me da error! *(PACO cae en algo.)* ¿Tu fondo de pantalla es del Atleti?

ÁNGEL   No, por Dios.

PACO   ¡Es el móvil de Montse!

(PACO *coge el trozo de cinta americana para taparle la boca a* ÁNGEL *de nuevo.*)

ÁNGEL   ¡No me vuelvas a tapar la...!

(PACO *le pone el precinto a* ÁNGEL *en la boca.*)

PACO   Lo siento, no tardo nada.

(PACO *sale.* ÁNGEL *intenta soltarse, consigue liberar una pierna que usa para desplazarse a la puerta de salida. De repente, se escucha el ruido de una llave en el cerrojo.* ÁNGEL *vuelve, todo lo rápido de lo que es capaz, a la posición en la que le ha dejado* PACO, *de espaldas a la puerta. entra* MANOLO, *se dirige a la silla.*)

MANOLO   Lo siento, «cuñao». Me he portado como el culo, me dices que te van a quitar la casa y que te vas y yo solo pienso en mí. Voy a coger la escopeta de mi abuelo, me voy a la sede del partido y me lío a tiros con el ministro, con su hijo y con todo quisqui, y no solo por salir en El Pais, porque te quiero. (PACO *entra por la puerta.*) ¡Paco!

PACO   Manolo.

MANOLO   ¿Paco?

PACO
He bajado a buscarte, es que Montse se había confundido de móvil, me la he encontrado en el portal y me ha dicho que habías subido...

(MANOLO *le da la vuelta a la silla y ve a* ÁNGEL. MANOLO *grita,* ÁNGEL *también e instintivamente levanta una pierna dándole una patada en los huevos a* MANOLO. *Silencio.*)

MANOLO
(Con un hilo de voz.) Paco.

(MANOLO *cae al suelo sin conocimiento.*)

PACO
¡Manolo, Manolo! (*A* ÁNGEL.)¿Por qué has hecho eso?

ÁNGEL
¡Estoy secuestrado, atado a una silla y un loco dice que va a ir a la sede del partido con una escopeta y matar a todo quisqui, yo creo que estoy disculpado!

PACO
¡La escopeta de su abuelo ni siquiera funciona, tiene cincuenta años !

ÁNGEL
Eso me tranquiliza, gracias.

PACO
¡Manolo, Manolo! (PACO *se da cuenta de que lleva la careta de la bella durmiente de diadema.*) ¡Mierda! (*Se la pone en la cara, se da cuenta del sinsentido; ya lo ha visto.*) ¡Mierda! (*Silencio.*) ¡Qué desastre! (*Pausa. Le da la mano.*) Paco.

ÁNGEL   Encantado, Ángel Jiménez, el hijo del...

PACO   Sí, ya...

ÁNGEL   ¿Y este?

         (*Por* MANOLO.)

PACO   Es mi cuñado, no tiene nada que ver con esto, ¿lo tienes claro?

ÁNGEL   Me ha quedado clarísimo, por su reacción. ¿Estará bien?

PACO   Sí, está acostumbrado, fue portero de futbito. (*Se acuerda de que su hermana está esperando abajo.*) ¡Montse! (PACO *tapa la boca a* ÁNGEL, *coge el teléfono y marca.*) ¡Tú calladito! (*Al teléfono.*) Montse, que nos vamos a tomar unas cervezas (...) Manolo está en el baño (...) Sí, nos comemos el lenguado (...) Te dejo, que voy a echarle una mano con los pantalones, que él solo no puede subírselos, besos guapa. (*Cuelga. Pausa.*) Manolo y Montse no tienen nada que ver con todo esto, ha sido idea mía, solo mía.

ÁNGEL   ¿Te vas a vivir a Zaragoza?

PACO   Pues sí, con mis suegros.

ÁNGEL   Si quieres que te diga la verdad, me parece una putada, pero mi padre no va a echar para atrás el proyecto.

PACO   (*Va a la cocina y vuelve con un vaso de agua.*) Son veintiocho puestos los que quedamos, veintiocho familias. El mercado lleva abierto cincuenta años y vosotros lo cerráis por sacarle pasta a una constructora, sois unos hijos de puta.(*Echa el vaso de agua en la cara de* MANOLO *que se va despertando.*) ¿Manolo, estás bien?

MANOLO   No lo sé (*Se toca el paquete.*) Uy, me duele menos que antes, ¿eso es bueno o malo, Paco?

ÁNGEL   No es grave, se puede vivir con uno solo. Un amigo se metió unos petardos en el bolsillo en fallas... ahora tiene dos hijo... Pelayo y Cayetana... muy monos.

            (*Miran a* ÁNGEL.)

MANOLO   ¿Quién es este?

ÁNGEL   Soy Ángel Jiménez.

MANOLO   Encantado.

ÁNGEL   Encantado.

MANOLO   ¿Por qué me has dado una patada en los huevos?

ÁNGEL   Estaba asustado.

MANOLO   ¡Yo también y no te he dado una patada en los huevos!

ÁNGEL   ¡Yo estoy atado!

             (*Pausa.*)

MANOLO   ¿Paco, qué hace un señor atado en tu salón?
             (*Recuerda que* MONTSE *le espera en el coche.*)
             ¡Ay madre, Montse!

PACO   La he llamado, le he dicho que nos estábamos
             tomando unas cervezas.

MANOLO   ¿Le has mentido a tu hermana? ¡Le mientes a
             todo el mundo y luego no sabes echar un fa-
             rol al mus! ¡Todavía no me has contestado!
             ¿Quién es este?

PACO   ¡No me has dado tiempo!

MANOLO   Es tu amante, por eso has mandado a Pili a
             Zaragoza. ¡Paco, por dios, tienes una hija y
             un gato!

PACO   Lo del gato también es mentira.

MANOLO   ¿Lo del gato también es mentira? Esto es la
             hostia, no te conozco, Paco, mientes a tu hija,
             a tu hermana, eres gay, atas a tus amantes en
             el salón de tu casa...

PACO   ¡No es mi amante!

MANOLO ¡Claro, eso también es mentira! (*A* ÁNGEL.) Seguro que no te ha dicho que está casado, estás rompiendo un matrimonio, ¿lo sabias?

PACO Es Ángel Jiménez, el hijo del ministro Jiménez.

MANOLO ¿Te has liado con el hijo del ministro?

PACO ¡Que no es mi amante!

MANOLO No pasa nada si eres gay, me lo puedes decir, pero con el hijo del ministro, Paco...

ÁNGEL Yo soy gay.

MANOLO ¡Tú, cállate, rompehogares!

PACO ¡Lo he secuestrado!

MANOLO ¿Que has hecho qué?

PACO ¡He secuestrado al hijo del ministro!

MANOLO ¿Por qué has hecho eso?

PACO Para que no cierren el mercado.

(MANOLO *se ha ido acercando al mueble-bar y ha cogido la botella con el cloroformo y una copa.*)

MANOLO Esto es muy fuerte.

(PACO *lo ve.*)

PACO ¡No te bebas eso, es cloroformo!

(MANOLO *se detiene, no llega a beber.*)

MANOLO ¿Qué? ¿De dónde has sacado tú cloroformo?

PACO Un tutorial de Youtube.

MANOLO ¡No puedes poner el cloroformo en el mueble bar!

PACO Ya lo sé, ya lo sé.

MANOLO Y en una botella de orujo.

(MANOLO *deja el cloroformo, coje una botella de ginebra, sirve y se la bebe de un trago.*)

PACO Ya lo sé, Manolo.

MANOLO ¡Ya lo sabes pero lo haces! ¡Y no se puede ir secuestrando a la gente, Paco!

PACO ¿Y qué hacemos, me mudo a Zaragoza, te vas de aprendiz al Carrefour, sin hacer nada?

MANOLO ¡Sin hacer nada no, yo me manifiesto, soy del sindicato!

PACO   ¿Y qué consigues, un pelotazo en los huevos?

MANOLO   ¡¡Pero secuestrar al hijo de un ministro, Paco!? ¡Esto es un delito! ¡Esto es peor que irse a vivir a Zaragoza!

PACO   No le vamos a hacer nada, Manolo, si su padre no cede lo soltamos y ya está.

MANOLO   ¿Y ya está? ¿Y si va a la policía?

ÁNGEL   Yo no voy a ir a la policía.

MANOLO   (A ÁNGEL.) ¡Tú no lo defiendas! (A PACO.) Vale, él no va a ir a la policía. ¿Y su padre? Porque tendrá que enterarse de que le hemos secuestrado... ¡No!, le «hemos» no, le «has», le «has» secuestrado, ¿él tampoco va a llamar? ¿Tú sabes lo que le hacen a los tíos guapos como yo en la cárcel? ¿No, verdad? Tú ya estás mayor pero yo en la ducha gano mucho.

PACO   Manolo, tú no has secuestrado a nadie.

MANOLO   ¡Ya lo sé, te lo estoy diciendo, pero soy cómplice! Mira, lo soltamos y ya está, ha dicho que no va a decir nada.

PACO   Déjame pensar, Manolo.

MANOLO   No, si piensas es peor, ayer estabas pensando y hoy has secuestrado a alguien. Voy a llamar a Montse.

(*Coge el teléfono y marca.*)

PACO   ¡Manolo deja el teléfono! (*Forcejean como dos niños.*) ¡Manolo deja el teléfono!

MANOLO   Montse, cariño...

PACO   (*Susurrando, suplicante.*) No, por favor Manolo. (MANOLO *duda. Pausa.*) Por favor, no me quiero ir a Zaragoza.

MANOLO   (*A* MANOLO *se le pone la voz rara al mentlr a* MONTSE.) Montse, cariño... que me he dejado la Play encendida con un partido del Fifa, ¿me la apagas? (...) ¡Graba la partida antes! (...) Sí, aquí todo bien, de cerveceo... una fiesta (...) No estoy hablando raro... Te quiero mucho (*Cuelga rápido.*) ¡Me estás liando, como se entere Montse me mata! ¡No, te mata a ti! ¡Nos va a matar a los dos!

PACO   Gracias.

MANOLO   ¿Y qué hacemos ahora?

PACO   Ahora te vas a casa y haces como que no pasa nada, no te quiero meter en este lío, esto es cosa mía.

MANOLO   Yo no me puedo ir a casa, Montse me va a preguntar y no sé mentir, además esto no es cosa tuya, soy cómplice.

PACO   Manolo, por favor...

MANOLO   Si me voy tienes a Montse aquí en diez minu-
            tos, se da cuenta cuando miento, se me pone
            la voz rara, lo sabes.

PACO   ¡Mierda, mierda, mierda!

ÁNGEL   Mirad, esto no puede salir bien, así que me
            soltáis y aquí no ha pasado nada.

PACO   No ha pasado nada, no; nos dejan en la calle.

            (PACO *desbloquea el móvil.*)

MANOLO   ¿Qué haces?

PACO   Voy a llamar al ministro.

MANOLO   ¿Sabes lo que le vas a decir?

PACO   Más o menos.

MANOLO   ¡Paco, más o menos no, Paco; más o menos
            no!

PACO   Me estás poniendo nervioso.

MANOLO   ¿Yo te estoy poniendo nervioso? Has secues-
            trado al hijo de un ministro y no sabes lo que
            vas a decirle a su padre, ¿y yo te estoy ponien-
            do nervioso?

PACO   Lo que me dé la gana, le voy a decir lo que me dé la gana.

MANOLO   Lo que te dé la gana no, Paco; estás hablando por boca de mucha gente, veintiocho puestos y no sabes lo que vas a decir.

PACO   Le voy a decir que si quiere volver a ver a su hijo vote «no» en la junta de mañana.

MANOLO   Entonces sí sabes lo que vas a decir, no es más o menos.

ÁNGEL   Perdón.

PACO   ¡Sí!

ÁNGEL   ¿Os dais cuenta de que si hacéis la llamada ya no hay marcha atrás? Mi padre no va a aceptar, va a llamar a la policía y yo ya no podré hacer nada. Van a asaltar la casa con armas automáticas y de aquí no sale vivo ni dios.

MANOLO   Paco, armas automáticas, Paco.

PACO   Aquí no va a morir nadie.

MANOLO   Lo soltamos, él ha dicho que no va a decir nada. ¿A qué lo has dicho? (ÁNGEL *asiente*.) Lo soltamos y nos vamos a vivir todos a Zaragoza y visitamos el Pilar y nos hacemos del Real Zaragoza Futbol Club y te dejo ducharte en mi casa. Tienes una hija de seis años, Paco.

PACO   Una hija que se queda sin casa, que se va a vi-
            vir con sus abuelos jubilados porque su padre
            no tiene cómo mantenerla, que tiene que cam-
            biar de colegio, de vida. No tenemos futuro,
            Manolo y, ¿por qué? Porque estos le quieren
            sacar dinero a una constructora cerrándonos
            el mercado.

            (*Suena el móvil de* ÁNGEL.)

MANOLO   ¿¡Es Montse!?

PACO   Es su padre.

MANOLO   ¿El padre de quién?

PACO   El ministro.

MANOLO   ¿Por qué te llama el ministro?

PACO   Es el móvil de su hijo.

MANOLO   ¡No lo cojas, lo sabe, sabe que hemos secues-
            trado a este!

PACO   ¿Cómo lo va a saber?

MANOLO   ¿Y entonces por qué llama?

PACO   ¡Es su hijo!

            (*El teléfono deja de sonar.*)

ÁNGEL   Llevo horas desaparecido antes de una operación importante, mi padre no es tonto, va a empezar a sospechar.

MANOLO   ¡Lo ves!

(*Salta un mensaje.*)

PACO   Ha dejado un mensaje, lo oímos y así nos enteramos de si sospecha algo.

MANOLO   No, escuchamos el mensaje y así nos enteramos de si sospecha algo.

(PACO *le da al mensaje y pone el manos llbres.*)

MINISTRO   (*Voz en off.*) Ángel, no sé dónde te has metido pero llámame enseguida, los de la constructora catalana han llamado, sospechan algo ¡Llámame en cuanto oigas esto! No me hagas buscarte otra vez por todas las saunas de Madrid.

MANOLO   No sabe nada todavía, lo soltamos y ya está.

PACO   Igual es lo mejor.

ÁNGEL   Es lo mejor, Paco.

PACO   Tú te callas.

(MANOLO *se acerca a* PACO.)

MANOLO   «Cuñao», tienes una hija de seis años, una mujer que te quiere, es lo mejor. Venga, que no va a decir nada. (*Pausa.*) Joder.

MANOLO   Venga.

(PACO *saca unas tijeras de un cajón y se dirige a* ÁNGEL *para soltarlo, de pronto se detiene.*)

PACO   ¿Ha dicho constructora catalana?

ÁNGEL   ¿Qué?

PACO   Que tu padre ha dicho constructora catalana.

ÁNGEL   ¿Y qué?

PACO   Tú antes has dicho constructora levantina.

ÁNGEL   ¡Mira, ya está bien, soltadme de una puta vez, se me están durmiendo las manos!

(PACO *le pone un trozo de precinto en la boca a* ÁNGEL.)

MANOLO   ¿Paco, qué haces?

PACO   Necesito pensar.

MANOLO   ¿Otra vez? ¡Paco, te prohibo que pienses!

PACO   Su padre ha dicho que sospechan algo.

MANOLO   Paco, no puedes ilusionar al muchacho y de-
         cirle que le vas a soltar, luego que no, y lue-
         go que sí. Lo estás confundiendo.

PACO   Escúchame, Manolo, antes este ha dicho que
         les había costado mucho amañar el concurso
         con una constructora levantina...

MANOLO   ¿Qué concurso?

PACO   Y ahora su padre ha dicho que la constructo-
         ra catalana sospechaba algo, ¿lo entiendes?

MANOLO   Yo no entiendo nada y me vuelve a doler el
         huevo.

         (PACO *le quita el precinto de la boca a* ÁNGEL.)

PACO   (*A* ÁNGEL.) ¿Qué es lo que pasa con la cons-
         tructora catalana?

ÁNGEL   Os estáis metiendo en un lío muy gordo.

MANOLO   Nos estamos metiendo dice.

PACO   ¿De qué habla tu padre?

MANOLO   Paco, que esto es una trama urbanística, esta
         gente quema montes para montar parques te-
         máticos y les da igual la fauna autóctona...

PACO   ¿Le habéis vendido el concurso a dos cons-
         tructoras?

MANOLO   La mafia rusa, Paco, contratan a la mafia rusa.

PACO   Y si los catalanes se enteran antes de que se anuncie el ganador mañana...

MANOLO   Paco, ¿cómo sabes todo eso si no has acabado ni la EGB? Estás suponiendo, Paco; deja de suponer.

PACO   ¿Qué pasa si los catalanes se enteran antes de que se anuncie el ganador mañana?

(*Pausa.*)

ÁNGEL   Paco, deberías hacerle caso a tu cuñado, os vais a pasar mucho tiempo en la cárcel y vais a perder mucho más que un puesto en el mercado y una casa.

PACO   ¿Vosotros estáis robando y dejándonos en la calle, y nosotros nos vamos a pasar mucho tiempo en la cárcel?

ÁNGEL   Paco, sois buena gente...

PACO   Ese es el problema, que somos buena gente y mira cómo nos va. (*Pausa.* PACO *le pone el precinto a* ÁNGEL.) Si no nos lo dices tú, nos lo va a decir tu padre.

MANOLO   ¿Su padre, Paco? Su padre no nos va a decir nada porque es «su» padre, no el tuyo. (*Intentan abrir la puerta. Tocan al timbre.* MANOLO *se acerca a la puerta y mira por la mirilla.*) ¡Es Montse!

PACO   ¡Virgen Santa!

MANOLO   ¿Qué hacemos, Paco?

(ÁNGEL *pide auxilio con el precinto puesto.*)

PACO   ¡No le abras!

MANOLO   ¿Qué no le abra? Es tu hermana, si no le abro llama a los bomberos.

MONTSE   (*Voz en off.*) Manolo, os estoy oyendo, si no me abres llamo a los bomberos.

MANOLO   ¡Lo ves!

PACO   Distráela.

MANOLO   ¿Que la distraiga? ¡Yo no he podido distraer a tu hermana ni en la noche de bodas!

(PACO *se va con* ÁNGEL *a la habitación. Vuelven a tocar al timbre.*)

MONTSE   (*Voz en off.*) Manolo te estoy oyendo, ¡ábreme la puerta!

(MANOLO *abre a* MONTSE.)

MANOLO   ¡Montse, cariño! ¿Qué haces aquí?

MONTSE   ¿Por qué habéis cerrado con llave?

MANOLO   Precaución.

MONTSE   ¿Precaución de qué?

MANOLO   La mafia rusa.

MONTSE   ¿La mafia rusa?

MANOLO   La mafia rusa, Montse, ya sabes que la mafia
             rusa asalta casas con los dueños dentro.

MONTSE   Chalets de la Moraleja.

MANOLO   La cosa está muy mal para todos, Montse.

MONTSE   ¿Manolo, qué pasa?

MANOLO   Nada, no pasa nada.

MONTSE   ¿No pasa nada? Hablas raro, me pides que apa-
             gue la Play y guarde la partida...

MANOLO   ¿Y?

MONTSE   Que tú no tienes Play, juegas en casa de Eduar-
             do.

MANOLO   Eduardo siempre dice que su casa es la mía.

MONTSE   ¿Dónde está Paco?

MANOLO   En su cuarto.

MONTSE   ¿Qué hace en su cuarto?

MANOLO   Lo he castigado.

MONTSE   ¿Manolo, estás bien?

MANOLO   No, bien no, no estoy bien.

MONTSE   ¿Dónde está Paco?

           (MONTSE *aparta a* MANOLO *y se dirige a la habitación.*)

MANOLO   ¡Es por el pelotazo, Montse, ya no sé si voy a poder cumplir!

MONTSE   No creo que note la diferencia.

MANOLO   ¡Montse, tu hermano es gay!

MONTSE   ¿Manolo, estás borracho?

MANOLO   Por eso ha mandado a Pilar a Zaragoza y nos estaba echando de casa, tiene un amante. Este no se quiere suicidar, asi que vámonos.

           (*Se dirige a la puerta de la calle.* PACO *sale de la habitación.*)

PACO   ¡Montse!

(*Aparentando normalidad.*)

MONTSE   ¿Qué está pasando aqui?

PACO   Nada.

MONTSE   ¿Qué estabas haciendo ahi dentro?

PACO   Nada.

MANOLO   Se lo he dicho, Paco.

PACO   ¿El qué?

MANOLO   Que eres gay.

PACO   ¡Qué manía, Manolo!

MANOLO   ¡Yo qué sé, te he dicho que no sabía mentir!

MONTSE   ¿Qué está pasando ahí dentro?

PACO   Nada.

(MONTSE *se dirige a la habitación,* PACO *se pone delante de ella.*)

MONTSE   Déjame pasar.

(PACO *se aparta.* MONTSE *entra en la habitación.*)

PACO   ¿Le has dicho a mi hermana que soy gay? ¿No se te ha ocurrido otra cosa?

MANOLO   También le he dicho que soy impotente y lo de la mafia rusa.

PACO   Lo he escondido en el armario.

MANOLO   ¡Lo va a encontrar!

PACO   ¿Qué querías que hiciera, que lo tirara por la ventana?

MANOLO   Al menos no lo habría visto.

PACO   No lo va a encontrar, Manolo.

(MONTSE *sale de la habitación.*)

MONTSE   ¿Paco, qué hace un señor amordazado en tu armario?

MANOLO   ¿Tienes a tu amante en el armario?

MONTSE   ¡Cállate, Manolo!

PACO   Es el hijo del ministro Jiménez.

MONTSE   ¿Qué hace el hijo del ministro en tu armario? (*Pausa.* PACO *no contesta.*) ¿Lo habéis secuestrado?

(*Pausa.*)

MANOLO   Hemos no, yo me lo he encontrado aquí y me ha dado una patada en los huevos; díselo, Paco.

PACO   Manolo no ha tenido nada que ver.

MONTSE   ¿Se puede saber en qué estabas pensando?

MANOLO   Yo le he dicho que no se puede ir secuestran-
              do a la gente; díselo, Paco.

PACO   Nos están dejando en la calle, Montse, y es-
              tán vendiéndonos por cuatro duros.

MONTSE   ¿Y metes a Manolo en esto?

PACO   Lo siento, ha sido un accidente.

MONTSE   Para secuestrar a alguien me llamas a mí, no
              a Manolo.

MANOLO   ¿Qué?

MONTSE   No te ofendas, cariño.

MANOLO   No puedo ofenderme porque yo no voy se-
              cuestrando a gente y eso, aunque ahora mis-
              mo parezca raro, no es malo.

PACO   Montse, ya se lo he dicho a Manolo, no os
              quiero meter en este lío.

MONTSE   Déjame pensar.

MANOLO   ¡Otra! No pienses Montse, lo mejor es soltar-
              lo y aquí no ha pasado nada.

MONTSE   ¿Habéis puesto ya las condiciones del secuestro?

MANOLO   Así no lo vas a convencer para que lo suelte.

MONTSE   No lo podemos soltar.

MANOLO   ¿Ah, no?

PACO   Todavía no hemos hablado con el ministro.

MONTSE   Mejor, ¿ahora qué hacemos? ¿Le cortamos un dedo y se lo mandamos a su padre con una nota?

PACO   Yo no quiero cortarle nada.

MONTSE   Se lo corto yo, luego lo metemos en hielo y se lo cosemos.

MANOLO   No le vamos a cortar nada, a la gente no se le cortan trozos, Montse.

MONTSE   Algo habrá que hacer para que nos tomen en serio. ¿Tenemos un periódico de hoy? Le hacemos un video y se lo mandamos.

MANOLO   Montse, tengo que decirte que no me gustan nada tus amiguitas de informática.

MONTSE   Manolo, saca a ese hombre del armario.

MANOLO   Lo ha metido Paco.

MONTSE   ¡Manolo!

MANOLO   De verdad, que no te conozco, me tienes sorprendidisimo.

          (MANOLO *obedece y entra en la habitación.* PACO *y* MONTSE *se quedan solos.*)

PACO   El ministro ha llamado, ha dejado un mensaje en el móvil de su hijo.

MONTSE   ¿Qué ha dicho?

PACO   Han amañado el concurso, se lo van a dar a una constructora levantina y han engañado a otra catalana que ahora sospecha algo, no sabemos qué.

MONTSE   Tenemos que averiguar qué es. ¿Le habéis preguntado al hijo?

PACO   Sí, no quiere hablar. (*Pausa.*) A lo mejor nos estamos equivocando.

MONTSE   Francamente, en las condiciones que nos van a dejar vamos a vivir mejor en la cárcel, tengo amigas que hasta han conseguido ahorrar.

PACO   ¿Tienes amigas que han estado en la cárcel?

MONTSE   Las del cursillo de informática.

(Entra MANOLO *empujando la silla con* ÁNGEL *y dando tropezones,* MONTSE *coge el rollo de cinta americana.)*

MANOLO   Ángel, esta es Montse, mi mujer, también es agente de Al qaeda, yo me he enterado esta noche.

*(*MANOLO *coloca la silla con* ÁNGEL. MONTSE *coge otra silla y se sienta enfrente.* MANOLO *y* PACO *se quedan detrás.* MONTSE *le quita la cinta americana de la boca a* ÁNGEL.*)*

ÁNGEL   Tú eres Montse, ¿verdad? Ya les he dicho a estos que si me sueltan no voy a decir nada... *(*MONTSE *corta un trozo de cinta americana largo y levanta la pernera del pantalón de* ÁNGEL.*)* ¿Qué haces?

*(*MONTSE *le vuelve a tapar la boca, pega la cinta en la pierna de* ÁNGEL *y da un tirón fuerte, depilándole un trozo.* ÁNGEL *grita en silencio.)*

MONTSE   *(A* ÁNGEL.*)* Ahora solo vas a hablar cuando se te pregunte ¿Está claro? *(*ÁNGEL *asiente con la cabeza.* MONTSE *le quita la cinta de la boca.)* ¿Cómo se llama la constructora catalana?

ÁNGEL   Construcciones Barcino.

MONTSE   ¿Cómo se llama el empresario?

ÁNGEL   ¿Para qué quieres saber...?

(MONTSE *le pone la clnta a* ÁNGEL *en la boca otra vez.*)

MONTSE   Manolo, bájale los pantalones; le vamos a hacer las ingles. (ÁNGEL *grita con la mordaza puesta.* MANOLO *no reaccpona.*) ¡Manolo!

MANOLO   ¿En serio?

PACO   Montse, lo podemos mirar en internet.

(MONTSE *le qutta la mordaza a* ÁNGEL.)

ÁNGEL   Escúchame {A MONTSE.): la cantidad de la que hablamos es muy alta... (MONTSE *saca otro trozo de cinta.*) ¡Miguel Barcino Leblanc!

MONTSE   ¿Qué es lo que sospecha el señor Barcino?

ÁNGEL   Barcino presentó el proyecto más completo y lo sabe, pero los valencianos nos van a pagar el diez por ciento del coste de la construcción si ganan el concurso.

MONTSE   Así que se lo vais a dar a los valencianos porque pagan y Barcino se ha enterado.

ÁNGEL   Lo sospecha, no tiene pruebas.

(MONTSE *le pone la cinta americana otra vez en la boca.*)

MANOLO   No hay pruebas, Montse, y sin pruebas no te-
          nemos caso. Lo soltamos.

MONTSE   No.

MANOLO   Montse, no me dejas tomar la iniciativa en
          nada y esto afecta terriblemente a mi mascu-
          linidad.

MONTSE   Luego te hago una tortilla. Ahora te vas a casa
          a por mi traje de chaqueta, traes también los
          zapatos de tacón y la camisa blanca. Te lo apun-
          to en un papel.

          (MONTSE *coge un papel, un boli y anota.*)

MANOLO   Y paso por el chino y traigo unas cervezas.
          Paco, dame dinero.

PACO   No tengo.

MANOLO   (*A* PACO.) Me debes seis euros de la primitiva.

PACO   Manolo, no llevo...

MANOLO   Te lo cojo del bolso, Montse.

MONTSE   Manolo, vete a por el traje.

          (MONTSE *le da el papel a* MANOLO.)

MANOLO   ¿Y las cervezas?

MONTSE   ¡No hay cervezas, Manolo!

MANOLO   Vale, ¡Bueno, cómo estamos!

          (MANOLO *sale.*)

MONTSE   Paco, ponte el traje.

          (*Transición con música.* PACO *coge el móvil de* ÁNGEL, *lo desbloquea y se lo da a* MONTSE. PACO *va a la habitación.* MONTSE *coge su móvil y el de* ÁNGEL *—idénticos—. Marca en el suyo —mirando el número de teléfono del* MINISTRO *en el de* ÁNGEL—, MONTSE *habla por el móvil.* PACO *entra con una chaqueta en la mano.* MANOLO *entra vestido de traje y trayendo el de su mujer.* MONTSE *sale con prendas de su cambio.* MANOLO *plancha las chaquetas.* MONTSE *y* PACO *entran y salen cada vez más vestidos de traje. Fin transición. terminarán de arreglarse durante la escena.*)

PACO   ¿Pongo acento catalán?

MONTSE   No. Tú me dejas hablar a mí. Lo único que tienes que hacer es darle a la grabadora y decir a todo que sí.

PACO   Y si me pregunta algo, ¿pongo acento?

MONTSE   Le contestas sin acento y sin nada.

(Paco *hace algún ejercicio de relajación acto-ral, emitiendo algún sonido.*)

MANOLO   ¿Qué haces?

PACO   Relajo.

MANOLO   Tendría que ir yo, Montse, y Paco se queda vi-gilando a este, soy del Barsa y tengo cara de rico, Paco tiene cara de peón de albañilería.

PACO   No das el personaje.

MANOLO   ¿Qué personaje?

PACO   Además yo hice de «Don Juan» en las fiestas del barrio, tú ni siquiera venías a los ensayos.

MANOLO   Te pones muy tonto tú con lo del «Don Juan».

MONTSE   Manolo, ya hemos hablado de esto, eres muy joven.

MANOLO   ¿Y para qué me he puesto yo el traje?

MONTSE   No lo sé Manolo, no lo sé. Esto es muy senci-llo, (*A* Paco.) tú eres el abogado de Barcino, yo soy tu secretaria, le decimos al ministro que nos han filtrado que la constructora le-vantina va a pagar un diez por ciento y que nosotros estamos dispuestos a pagarle un doce.

PACO   ¿Y si lo niega?

MONTSE   Subimos la oferta al quince por ciento y lo presionamos. Tú lo grabas todo con el móvil y cuando acepte nos vamos. Luego chantajeamos al ministro con filtrar la información.

PACO   (*Señalando a* ÁNGEL.) ¿Y qué hacemos con este?

MONTSE   Lo soltamos, una vez tengamos la grabación no va a decir nada.

MANOLO   ¿Muy guapa te has puesto tú para ver al ministro?

MONTSE   Gracias, Manolo.

MANOLO   No era un piropo, era un amago de celos.

MONTSE   Tengo una reunión en el Ritz, no querrás que vaya en chándal.

MANOLO   ¿Podemos hablar? (PACO *se levanta y va a terminar de arreglarse a la habitación.*) Montse, me tienes desconcertadísimo, es como si estuvieras disfrutando con todo esto.

MONTSE   No seas tonto.

MANOLO   No soy tonto, que se te están poniendo los mismos ojos que con las ofertas del Lidl.

MONTSE   Manolo, por favor.

MANOLO   Dime la verdad, te parezco aburrido, por eso te has hecho amigas expresidiarias y te sientes viva depilando a secuestrados y... y no te pusiste tan guapa ni el dia de nuestra boda.

MONTSE   Manolo...

MANOLO   Me castras con tanta potencia delictiva, Montse.

(*Reparan en* ÁNGEL.)

MONTSE   Manolo, no me siento bien teniendo esta conversación delante de un extraño.

MANOLO   Es gay, son sensibles.

MONTSE   ¿El hijo del ministro es gay?

MANOLO   Sí.

(*Pausa.*)

MONTSE   Igual deberíamos igualarle las piernas.

(ÁNGEL *grita en silencio.* PACO *sale de la habitación, se ha peinado para atrás y tiene pinta de empresario.*)

PACO   Deberíamos ir tirando.

MONTSE   Pues nos vamos.

MANOLO   Tened cuidado.

MONTSE   Te llamamos en un rato.

           (MONTSE *besa a* MANOLO.)

PACO   Gracias, «*cuñao*».

           (MANOLO y PACO *se abrazan.*)

MANOLO   Paco... hueles raro.

PACO   Me he puesto colonia... para meterme en el
           personaje.

           (MANOLO y PACO *se separan.*)

MANOLO   Estáis muy guapos. (MONTSE y PACO *salen. MA-
           NOLO se queda solo con* ÁNGEL. *Silenolo incó-
           modo.*) ¿Tú juegas al mus? (ÁNGEL *niega con
           la cabeza.*) ¿Al FIFA? (ÁNGEL *niega con la ca-
           beza.*) Quiero decirte que a mí todo esto me
           parece fatal, ya me has oido, lo digo por si sale
           mal que lo tengas en cuenta, alguien tendrá
           que llevarle tabaco a Paco en la cárcel y Pili
           no soporta que fume, por Montse ni me preo-
           cupo, tiene un montón de amigas dentro. Yo
           cuando estoy nervioso hablo mucho, me da
           por hacer amigos, así cojo confianza, me re-
           lajo y me puedo callar. Te voy a quitar esto...
           si gritas te meto en el armario otra vez.

           (MANOLO *le quita la cinta de la boca a* ÁNGEL.)

ÁNGEL   Manolo, tú eres un tipo inteligente y sabes que esto no puede salir bien.

MANOLO   Por eso te decía que tengas en cuenta que a mí todo esto me parece fatal.

ÁNGEL   Podemos arreglarlo si me sueltas y aviso a mi padre antes de que vaya a la reunión.

MANOLO   Tú no estás casado, ¿verdad?

ÁNGEL   He tenido relaciones largas.

MANOLO   No es lo mismo, Montse me mata.

ÁNGEL   Manolo, tú mismo lo has dicho, te castra como hombre.

MANOLO   El concepto de hombre es muy amplio Ángel, ¿una copita?

ÁNGEL   ¡No!

MANOLO   ¿Unos panchitos?

ÁNGEL   Escúchame, Manolo, si la reunión con mi padre sale mal, que va a salir mal...

MANOLO   Eso no lo sabes.

ÁNGEL   Pero hay una probabilidad, ¿o no?

MANOLO   Sí, una probabilidad hay.

ÁNGEL   Alta.

MANOLO   Enorme.

ÁNGEL   Si sale mal acabáis en la cárcel, en el mejor de los casos. Lo que te voy a proponer es una alternativa segura: por la cesión de obra, mi padre y yo vamos a cobrar diez millones de euros...

MANOLO   ¡Coño!

ÁNGEL   Lo que te propongo es daros un millón, la mitad para ti y para Montse, la otra para Paco y nos olvidamos de todo.

(MANOLO *le vuelve a poner el precinto en la boca a* ÁNGEL.)

MANOLO   Me estás liando, cuando vuelvan Montse y Paco se lo dices a ellos. (*Llaman a la puerta.*) Mira, seguro que Montse se ha olvidado el silenciador de la pistola.

(MANOLO *se dirige a la puerta y abre; al otro lado, el* MINISTRO *Jiménez, un señor de unos cincuenta y tantos, trajeado. el ángulo de la puerta no le permite ver a* ÁNGEL.)

MINISTRO   Buenas noches, busco a Ángel Jiménez.

MANOLO   Un momentito por favor. (MANOLO *cierra la puerta de golpe.*) ¡Virgen Santa, tu padre! (ÁNGEL

comienza a agitarse y a intentar gritar. MANO-
LO *coge el cloroformo, empapa el pañuelo y duerme a* ÁNGEL, *luego gira la silla y la empuja hasta la habitación.*) ¡Hostia, hostia, hostia!

(*Vuelven a llamar a la puerta,* MANOLO *abre.*)

MINISTRO   Busco a mi hijo, Ángel Jiménez.

MANOLO   ¿Tiene usted hijos? Pues está estupendo.

MINISTRO   Dígale que será solo un momento.

MANOLO   Su hijo no está porque yo no sé quién es su
hijo...

MINISTRO   Mire, estoy teniendo un día muy malo...

MANOLO   Uy... si yo le contara.

MINISTRO   Sé que está aquí, he localizado su teléfono.

MANOLO   Vale, vale, se ha ido, ha estado pero se ha ido.

MINISTRO   ¿Se ha ido?

MANOLO   Hace un rato, no ha querido ni panchitos ni
nada, así que ahora si me disculpa...

(*Intenta echarlo.*)

MINISTRO   ¿Seguía enfadado?

MANOLO Muy contento no estaba, (*Intenta echarlo de nuevo.*) ahora si me disculpa...

(*El* MINISTRO *ve el teléfono en la mesa.*)

MINISTRO Se ha dejado el móvil.

MANOLO ¿Qué?

MINISTRO Se ha dejado el móvil, él nunca se separa de su teléfono.

MANOLO Es que estaba enfadado y cuando uno está enfadado... se deja el teléfono en cualquier lado.

MINISTRO ¿Le ha dicho a dónde iba?

MANOLO No, ha salido por la puerta y le he dicho, «Ángel, que te olvidas el móvil» y ni me ha oído.

MINISTRO ¿Puedo sentarme?

MANOLO ¿Para qué? Mejor se sienta usted en la calle que hace una noche estupenda.

MINISTRO Si se ha dejado el móvil seguro que vuelve.

(*El* MINISTRO *se sienta.*)

MANOLO ¿Usted no tiene cosas que hacer, reuniones importantes... cosas de ministros, digo?

MINISTRO ¿Sabe quién soy?

MANOLO   El ministro Jiménez.

MINISTRO   ¿Quiere un autógrafo?

MANOLO   No, quiero que se vaya.

MINISTRO   Lo imaginaba a usted distinto.

MANOLO   Pues siempre he tenido esta cara.

MINISTRO   ¿Me podría dar algo de beber? Algo fuerte.

MANOLO   No tenemos.

             (*El* MINISTRO *coge la botella de cloroformo.*)

MINISTRO   Cualquier cosa, este orujito mismo irá bien.

MANOLO   No, eso no, eso es para las grandes ocasiones,
             un bautizo por ejemplo, hoy no bautizamos a
             nadie, así que lo guardo. (MANOLO *le quita el
             frasco y lo deja en el mueble bar.*) Creo que hay
             una ginebra por aquí pero no hay fanta, ni hie-
             lo, ni nada.

MINISTRO   Así mismo, a palo seco. (MANOLO *coge un vaso
             lo sirve y se lo da al* MINISTRO.) Uno no puede
             llevar este estrés en la vida (*Se bebe la copa de
             un trago.*) Ser ministro es muy complicado.

MANOLO   Ya imagino.

MINISTRO   Uno sale en la tele.

MANOLO   Claro.

MINISTRO   Y tiene que hablar de cosas que no entiende haciendo como que sabe lo que dice.

MANOLO   A mí me pasa lo mismo con Montse cuando vamos a Ikea.

MINISTRO   ¿Quién es Montse?

MANOLO   Mi mujer.

MINISTRO   Pero usted es gay.

MANOLO   ¿Qué? No.

MINISTRO   ¿Y qué hacía mi hijo en su casa?

(*Pausa.*)

MANOLO   Bueno, sí.

MINISTRO   ¿Bueno sí, qué?

MANOLO   Soy gay.

MINISTRO   Y son amantes.

MANOLO   ¿Quién?

MINISTRO   Mi hijo y usted.

MANOLO   Claro.

MINISTRO   ¿Y su mujer qué opina?

MANOLO   Es muy comprensiva.

MINISTRO   ¡Qué asco de modernez!

MANOLO   Sí, un asco. Yo ya si viene su hijo le digo que le llame.

MINISTRO   ¿Puedo ir al baño?

MANOLO   El baño es solo para clientes, ahora si me disculpa...

MINISTRO   Será sólo un momento.

MANOLO   ¡No, no es ahí! Es esta puerta.

(*El* MINISTRO *se mete en el baño.* MANOLO *coge el movil y llama a* MONTSE.)

MANOLO   Montse, ¿dónde estáis? (...) ¡No, el ministro no va a llegar allí porque está aquí! (...) Aquí, en el water (...) Ha localizado el teléfono de su hijo y ha venido a buscarlo. (...) No, no sabe nada del secuestro (...) ¿Ángel? Ángel está otra vez en el armario, le va a dar raquitismo al muchacho (...) No sé por qué no está yendo a la reunión, no le he preguntado (...) Mira, yo me voy a ir del país, ya cuando salgas de la cárcel me buscas (...) No lo sé, a Colombia a hacerme narcotraficante y llevar una vida tranquila (...) ¿Que lo entretenga aquí? No hace falta, no se quiere ir... (...) (*Se oye la cisterna.*) ¡Daos prisa! (MANOLO *cuelga. El* MINISTRO *sale del baño.*) ¿Otra copita?

(MANOLO *le llena la copa al* MINISTRO *que se la bebe de un trago.*)

MINISTRO   ¿Te ha dicho mi hijo por qué estaba enfadado conmigo?

MANOLO   Su hijo y yo no hablamos mucho, solo tenemos sexo pasional y loco.

MINISTRO   Tuvimos una discusión, me dijo que estaba harto de esconderse, que necesitaba ser él mismo, le dije que se dejara de tonterías, me preguntó que si me avergonzaba de él, yo le dije: «¡Claro, eres maricón!». ¿Su padre se avergüenza de usted?

MANOLO   Nunca he sabido muy bien lo que piensa, siempre hace lo que dice mi madre.

MINISTRO   Una cosa es que Ángel sea gay y otra es que lo sepa todo el mundo y tener que aguantar las bromas de los del partido. Me dijo que le daba igual, que iba a salir del armario... (*Se escucha un ruido que viene de la habitación de matrimonio, el* MINISTRO *no lo oye,* MANOLO *sí.*) ¿Me está escuchando?

MANOLO   Sí, que iba a salir del armario.

MINISTRO   Lo eché de casa.

MANOLO   ¡Vaya!

MINISTRO   Y desde entonces no me coge el teléfono.

MANOLO   Es que tiene un carácter.

              (*El* MINISTRO *estira la mano,* MANOLO *le llena
              el vaso, El* MINISTRO *se lo bebe de golpe.*)

MINISTRO   Lo he hablado con el secretario general y cree
              que debo ser yo el que lo haga público, dan-
              do todo mi apoyo a Ángel. Los maricones son
              una minoria importante y hemos perdido mu-
              chos votos con los fraudes y el IVA; sería un
              golpe de efecto.

MANOLO   Su hijo se va a poner muy contento.

MINISTRO   Pero ahora hay que solucionar el tema de los
              catalanes... (*Se oye otro golpe en la habitación,
              ahora el* MINISTRO *también lo escucha.*) ¿Qué
              ha sido eso?

MANOLO   El gato.

              (*Se escuchan golpes más fuertes.*)

MINISTRO   Tiene que ser un gato enorme.

MANOLO   Es un gato montés. ¿Qué decía de los catala-
              nes?

MINISTRO   Los he dejado esperando en el reservado del Ritz, no me he atrevido a entrar, los he visto a los dos tan serios allí sentados...

MANOLO   ¿Los ha visto?

MINISTRO   Sí, al abogado de Barcino y a su amante.

MANOLO   ¿Amante?, sería su secretaria.

MINISTRO   No creo, iba muy arreglada, asi tipo putón. Los catalanes sospechan algo, seguro... No voy a dejar que me jodan las elecciones, tengo que hablar con Ángel... No sé por qué le cuento todo esto, no sé, me da usted confianza.

MANOLO   No soy yo, es la media botella de ginebra. Si me disculpa tengo que llamar a mi madre.

(De la puerta del dormltorlo aparece ÁNGEL, *atado y amordazado, empujando torpemente la silla con los pies e intentando hablar, el* MINISTRO *está de espaldas a la puerta, no lo ve.)*

ÁNGEL   Uhmmmmm...

*(*MANOLO, *que ha vtsto a* ÁNGEL, *grita.)*

MANOLO   Ahhhhhhh...

MINISTRO   ¿Qué hace?

ÁNGEL
/MANOLO   Uhmmmmmm.../Ahhhhhhh...

(ÁNGEL *sigue avanzando, el* MINISTRO *se va a dar
la vuelta, en ese momento* MANOLO *le coge la cara
para que no se gire y sin saber qué hacer besa al*
MINISTRO, ÁNGEL *se queda petrificado.*)

MINISTRO   ¿Qué cojones hace?

MANOLO   ¡No lo sé!

(ÁNGEL *sigue avanzando.*)

ÁNGEL   Uhmmmmm...

MANOLO   Ahhhhhhh...

MINISTRO   Usted se está confundien... (MANOLO *coge el
saco del principio de la función, que sigue encima de la mesa, se lo pone al* MINISTRO *en la cabeza y aprieta el cierre —será la bolsa de un saco
de dormir, con cierre de cuerda—, luego se dirige
a* ÁNGEL *y empuja la silla hasta el baño, que es
la puerta más cercana, mientras, el* MINISTRO *se
agita para quitarse el saco de la cabeza.* MANO-
LO *consigue cerrar la puerta del baño justo cuando el* MINISTRO *se está terminando de quitar el
saco de la cabeza.*) ¿Se puede saber qué coño
está haciendo?

MANOLO   ¡Sado!

MINISTRO   ¿Sado?

MANOLO   Soy un enfermo, un sexoadicto, un domina-trix.

MINISTRO   ¿Lo sabe mi hijo?

MANOLO   ¡Le encanta!

MINISTRO   Creo que lo mejor es que se marche.

MANOLO   ¿Cómo?

MINISTRO   ¡Sí, creo que lo mejor es que se marche!

MANOLO   ¿Qué me vaya yo?

MINISTRO   Claro.

MANOLO   ¡Es mi casa!

MINISTRO   ¡Se la compro!

MANOLO   ¿Qué?

MINISTRO   Mire, yo tengo que esperar a mi hijo. ¿Usted qué hace aqui?

MANOLO   No voy a irme a ningún lado, Montse me mata.

MINISTRO   ¡Ha dicho que su mujer es muy comprensiva!

MANOLO   ¡Mentía!

MINISTRO   Necesito ir al baño.

(*el* MINISTRO *se dirige al baño,* MANOLO *se le adelanta y le bloquea la entrada.*)

MANOLO   ¿Otra vez? Si acaba de salir.

MINISTRO   Voy mucho al baño, tengo los esfínteres flojos.

MANOLO   No puede.

MINISTRO   ¿Hay un número limitado de idas al baño en su casa?

MANOLO   Es que... yo también necesito ir.

MINISTRO   ¿Qué?

MANOLO   Y usted ya ha ido antes.

(MANOLO *se mete en el baño y cierra la puerta.*)

MINISTRO   ¡Abra la puerta!

MANOLO   (*Voz en off.*) ¡No !

MINISTRO   ¡Esto es increíble! (*El* MINISTRO *se pasea de un lado a otro.*) ¿Va a tardar mucho?

MANOLO   ¡Bastante!

MINISTRO   ¡Esto es increíble! (*El* MINISTRO *saca unas flores de un jarrón y se pone de espaldas a mear en él, cuando termina lo deja en la mesa. El* MINISTRO *vuelca la botella de ginebra, está vacía, luego se dirige al mueble bar y se llena la copa con cloroformo, antes de beber ve las fotos que* PACO *tumbó al principio de la obra, el* MINISTRO *las gira y reconoce a* PACO *y a* MONTSE.) ¡La madre que me parió, los catalanes!

(*El* MINISTRO *se pone la chaqueta para marcharse, antes de irse coge la copa de cloroformo, le da un trago, coge la botella para ponerse un segundo pelotazo pero cae redondo al suelo. Pasan unos segundos. Abren la puerta, entra* MONTSE, *lleva la escopeta de cartuchos del abuelo de* MANOLO *en la mano; detrás de ella,* PACO.)

MONTSE   (*Susurrando.*) Manolo, Manolo.

(PACO *ve a* MINISTRO *inconsciente.*)

PACO   Montse. (MONTSE *se acerca al* MINISTRO.) ¿Está muerto?

(MONTSE *le da unos toquecitos al* MINISTRO *con la culata de la escopeta.*)

MONTSE   No se mueve. ¿Dónde está Manolo.

PACO   ¡No lo sé, he entrado contigo!

MONTSE   (*Refiriéndose al* MINISTRO.) Ponlo en el sofá.

PACO   ¿Y si está muerto?

MONTSE   Es verdad, déjalo en el suelo. (*Gritando.*) ¡Ma-
         nolo!

         (MANOLO *asoma la cabeza por la puerta del
         baño.*)

MANOLO   ¿Montse? (MANOLO *sale del baño.*) ¿Se puede
         saber por qué habéis tardado tanto?

MONTSE   Hemos pasado por casa a recoger la escopeta
         de tu abuelo.

MANOLO   ¿Tú das un rodeo para pasar por casa y yo no
         puedo ir al chino a comprar unas cervezas?

PACO   Yo le he dicho que viniéramos directos.

         (MANOLO *se gira y ve a* PACO *junto al* MINISTRO
         sin conocimiento.)

MANOLO   ¿Qué habéis hecho?

         (PACO *ha cogido la botella de cloroformo que ha
         caído al suelo junto al* MINISTRO.)

PACO   ¿Le has dado de beber cloroformo?

MANOLO   Yo no le he dado nada, le he dicho que era
         para bautizos (A MONTSE.) ¿Tú qué haces con
         la escopeta?

MONTSE	Por si acaso.
MANOLO	¿Por si acaso, Montse? ¿Por si acaso qué?
MONTSE	¿Y Ángel?
MANOLO	(*Refiriéndose al baño.*) Ahí dentro.
MONTSE	¿Lo ha visto su padre?
MANOLO	No.
MONTSE	Estaba mejor en el armario.
MANOLO	Díselo a él, ha salido solo. (MONTSE *le da la escopeta a* PACO *y se mete en el baño.* PACO *y* MANOLO *observan al* MINISTRO.) ¿Respira?
PACO	No lo sé.
MANOLO	Míralo.
PACO	¡Míralo tú!
MANOLO	Yo creo que no respira.
	(*Pausa. Repentinamente el* MINISTRO *tiene un estertor. De manera instintiva* PACO *le da un culatazo con la escopeta. Sale* MONTSE *del baño empujando a* ÁNGEL *para meterlo en la habitación.*)
PACO	(A MONTSE.) Está vivo.

MONTSE   Genial. Ponedlo en el sofá.

(MONTSE *entra con* ÁNGEL *en la habitación.* PACO *y* MANOLO *cargan con el* MINISTRO *hasta el sofá.*)

MANOLO   ¡Has llevado a tu hermana a por la escopeta de mi abuelo!

PACO   Ya sabes cómo es.

MANOLO   ¡No le puedes dar un arma a Montse!

PACO   La escopeta no funciona.

MANOLO   ¿Cómo que no funciona?

PACO   Nunca ha funcionado, tu abuelo la capó.

MANOLO   ¿Y por qué no me lo habéis dicho? ¡Llevo sacándome el permiso de armas diecisiete años!

PACO   Por no herir tus sentimientos, como fue la única herencia de tu abuelo.

MANOLO   ¿Y por qué me lo dices ahora?

(*Sale* MONTSE *de la habltaclón.*)

MONTSE   (*Reflrléndose al* MINISTRO.) ¿Este por qué no ha venido a la reunión?

MANOLO   Sí ha ido. Ha ido, os ha visto y ha venido co-
          rriendo a buscar a su hijo.

PACO   ¿Nos ha visto?

MANOLO   Sí. Montse, ¿sabías que la escopeta de mi abue-
          lo está capada?

MONTSE   Claro.

PACO   ¿Qué hacemos ahora?

MANOLO   ¿Por qué nadie me ha dicho nada?

MONTSE   Para ahorrarte el disgusto. Vale, el ministro
          piensa que somos los catalanes, ¿verdad?

MANOLO   ¿Qué quieres hacer?

MONTSE   Le vamos a decir que como no llegaba a la reu-
          nión le hemos llamado, tú has cogido el telé-
          fono y nos has dado esta dirección. Seguimos
          con el plan.

MANOLO   Paco, dile algo a tu hermana, eres el mayor.

PACO   ¿Pongo acento?

MONTSE   No. Manolo pon el móvil a grabar.

          (MONTSE *va quitando la canana con los cartuchos
          y deja la escopeta.* PACO *se coloca el pelo, saca
          una botella de colonia y se echa en el cuello.*)

MANOLO   No entiendo lo de la colonia.

PACO   Es por el personaje, te lo he dicho antes.

MANOLO   ¿Qué personaje? Montse, tenía que haber hecho yo de catalán.

MONTSE   ¡Manolo, el móvil!

MANOLO   Voy. (MANOLO *Saca el móvil.*) A ver: «Menú», «aplicaciones»... ¿Después de aplicaciones dónde entro? ¿En «ajustes»?

MONTSE   Paco, ponlo tú.

           (PACO *se acerca a* MANOLO.)

PACO   En «ajustes» no, te metes en «Aplicaciones/general/notas de voz» y te creas un acceso directo, asi ya lo tienes en el escritorio...

MONTSE   ¡Paco!

PACO   (A MANOLO.) Le das a este botón y ya está.

MONTSE   ¿Está grabando?

MANOLO   Un momento... ¡Ya!

           (PACO y MONTSE *se colocan de pie delante de la puerta.*)

MONTSE   (*A* PACO.) ¿Preparado?

PACO   Preparado.

MONTSE   Manolo, despiértalo.

            (MANOLO *se sienta al lado del* MINISTRO *y le da*
            unos golpecitos suaves en la cara.)

MANOLO   (*Con mucho cariño.*) Señor ministro, señor mi-
            nistro, han venido a verle... (*El* MINISTRO *no*
            reacciona.) Señor ministro... este no se des-
            pierta. (MONTSE *coge el jarrón con el «pipí» de*
            antes y se lo echa en la cara al MINISTRO *que*
            desplerta desorientado.) Señor ministro, han
            venido a verle.

MINISTRO   ¿Qué?

MANOLO   Se ha desmayado. Aquí huele raro, ¿No?

MINISTRO   ¿Me he desmayado?

MONTSE   Señor ministro, le hemos estado esperando y
            al ver que no venía hemos llamado, el señor.
            García ha cogido el teléfono...

MINISTRO   ¿Quién es el señor García?

MANOLO   Soy yo, Manolo García. ¿A usted no le huele
            raro?

MONTSE   El señor. García nos ha dado esta dirección.

MINISTRO   Me sabe la boca a piscina cubierta.

MONTSE   Señor ministro, le presento al abogado del señor Barcino.

          (PACO *avanza cortando a* MONTSE *y le da la mano al* MINISTRO.)

PACO   *(Con acento catalán.)* Pujol..., Joan Pujol... Freixenet. ¿Cómo está usted, señor ministro? Un dia nos tenemos que tomar unos calçots.

MINISTRO ¿Qué?

MONTSE   Señor ministro, nos gustaría hablar de la cesión de la obra del centro comercial.

MINISTRO ¿Y usted es?

MONTSE   Su secretaria.

MANOLO   ¡Lo ve!

MINISTRO ¿Dónde está mi hijo?

MANOLO   Ángel no ha llegado todavía.

MINISTRO ¿Ustedes viven aquí?

MONTSE   ¿Qué? No, nos ha llamado el señor García...

MINISTRO Todo esto es muy raro.

MONTSE   Señor ministro si quiere tomarse un momento...

MINISTRO   Esto es muy raro.

MONTSE   Señor ministro...

(El MINISTRO *coge la escopeta de cartuchos y encañona a* MONTSE *y a* PACO.)

MINISTRO   Ni ministro, ni hostias. ¿Qué está pasando aquí? (MANOLO está detrás del MINISTRO. *A* MANOLO.) ¡Tú, ponte con ellos!

MANOLO   La escopeta está capada.

MINISTRO   ¿Qué?

MANOLO   Que está capada, no funciona. (*El* MINISTRO *apunta al techo y dispara, la escopeta funciona.* MANOLO *corre junto a* MONTSE *y* PACO.) ¡Sí funciona, Montse; sí funciona!

MINISTRO   ¿Quiénes son ustedes? Porque catalanes no son, está la casa llena de fotos de los dos con camisetas del Atleti.

MANOLO   Yo soy del Barsa.

MONTSE   Yo creo que puedo reducirlo y quitarle el arma.

MANOLO   ¿Reducirlo de qué, Montse, de tamaño?

PACO   ¡Montse, para! (*Al* MINISTRO.) Todo esto es culpa mía, si me deja explicarle...

MANOLO   ¡¡Montse sabe que amo a Ángel...!

MONTSE   ¿Qué?

MANOLO   Lo amo locamente y está muy dolida, destro-
          zada.

MINISTRO Yo la veo bien.

MONTSE   La procesión va por dentro.

MANOLO   Ángel... Ángel también me ama y Montse quie-
          re hundir a su hijo para apartarlo de mí.

MINISTRO ¿Y este quién es, por qué dice que todo es cul-
          pa suya?

MANOLO   Es Paco, no podía soportar la idea de perder
          a su pareja de mus, que soy yo... y... conven-
          ció a Montse de quitar a Ángel de enmedio.
          Ahora baje el arma.

          (Pausa.)

MINISTRO La verdad es que es una historia de lo más ve-
          rosímil. (Pausa.) ¿Pero si tú lo sabías todo por
          qué les has seguido la corriente?

MANOLO   ¿Qué?

MINISTRO ¡Qué me los has presentado tú!

MANOLO   Hombre, son quince años de matrimonio.

(*El* MINISTRO *los vuelve a encañonar.*)

MINISTRO   ¡Los cojones! ¿Dónde está mi hijo?

MONTSE   ¿Qué va a hacer? Sólo le queda un tiro y so-
            mos tres.

PACO   Montse, no le hagas elegir.

MANOLO   Yo creo que en caso de elegir tendrías que ser
            tú, Paco.

PACO   ¿Qué dices?

MANOLO   Has empezado tú con lo del secuestro.

MINISTRO   ¿Qué secuestro?

MANOLO   ¿Qué?

MINISTRO   ¡Has dicho secuestro!

MANOLO   ¿Quién?

MINISTRO   Tú, lo acabas de decir.

MANOLO   Yo no.

PACO   Yo no lo he oído.

            (*El* MINISTRO *saca su móvil.*)

MINISTRO   Siri, llama a la policía.

MONTSE   Tenemos a su hijo, sabemos que han amaña-
            do el concurso y vamos a ir a la prensa.

MINISTRO   Siri, cuelga. (*Pausa.*) ¿Quiénes son ustedes?

PACO   Somos trabajadores del Mercado.

MINISTRO   ¿Qué quieren?

PACO   Queremos que eche para atrás el proyecto del
            centro comercial.

MINISTRO   Esas gestiones no las llevo yo, las lleva mi hijo.

MONTSE   ¿Cómo que las lleva su hijo?

MINISTRO   Sí, Ángel se ocupa del tema de las construc-
            toras. A mí ni me pone en copia en los mails.

PACO   ¿Usted no sabe nada?

MINISTRO   Los números finales solo, por eso he salido co-
            rriendo de la reunión y he venido a buscarlo.

PACO   Este no va a decir nada, Montse.

MANOLO   ¿Dejo de grabar entonces?

MINISTRO   ¿Qué?

MANOLO   (A MONTSE.) Ha sido Paco, ha dicho que este
            no iba a decir nada...

MINISTRO   ¿Me estáis grabando? ¡Tú, el móvil! (MANO-
            LO *le da el móvll al* MINISTRO.) ¡Al agua!

MANOLO   ¡No! (*El* MINISTRO *tira el móvil al agua.*) Pero
            si no había dicho usted nada.

MINISTRO   Por si acaso. ¿Dónde está mi hijo?

MONTSE   Su hijo está en un lugar seguro.

MINISTRO   Mira, no voy a dejar que tres tenderos del
            «Atleti» me jodan una operación de tres mi-
            llones de euros.

MANOLO   No son tres, son diez.

MINISTRO   ¿Diez tenderos?

MANOLO   Diez millones.

MINISTRO   ¿Diez millones de tenderos?

MANOLO   Diez millones de euros, su hijo me dijo que la
            constructora les iba a pagar diez millones de
            euros.

MINISTRO   ¿Cómo que diez?

            (*Se oyen golpes que vienen de la habitación de
            matrimonio, el* MINISTRO *se percata.*)

PACO   El gato...

MANOLO   Montés.

              (*Pausa.*)

MINISTRO   (*A* PACO.) ¡Tú, saca a mi hijo de ahi dentro!

              (PACO *entra en el dormitorio.*)

MANOLO   Si sirve de algo me gustarla decirle que yo
              siempre le he votado.

MONTSE   Eso es mentira.

MANOLO   Eso tú no lo sabes porque el voto es secreto.

              (*Entra* PACO *empujando la silla con* ÁNGEL.)

ÁNGEL   (ÁNGEL *grita con el precinto puesto.*) ¡Uhmmmm!

MINISTRO   ¿Estás bien?

              (PACO *le quita el precinto de la boca a* ÁNGEL.)

ÁNGEL   ¡A ti que más te da!

MINISTRO   Ya empezamos...

ÁNGEL   ¿Ya empezamos, ya empezamos? Me has lla-
              mado maricón y me has echado de casa. ¿Qué
              haces con una escopeta?

MINISTRO   ¡Te estoy salvando!

ÁNGEL   ¡Voy a a salir del armario, te voy a hundir la carrera!(A PACO.) ¡Tú, suéltame!

(PACO *obedece y comienza a soltar a* ÁNGEL.)

MINISTRO   No hace falta salir del armario, le has contado a tres tenderos la estafa del mercado.

ÁNGEL   ¡Esa loca me ha depilado la pierna!

MONTSE   Y tú nos vas a dejar en la calle por cuatro duros...

MANOLO   Cuatro duros no, Montse, diez.

ÁNGEL   ¡Voy a llamar a la policía!

(ÁNGEL *coge el teléfono fijo que está en el mueble bar.*)

MINISTRO   ¡A callar todo el mundo! Aquí nadie va a llamar a la policía.

ÁNGEL   ¡Papá, por favor!

MINISTRO   ¡Papá, leches! Me dijiste que la constructora nos iba a pagar tres millones, le estás robando a tu propio padre.

PACO   Esto es un tema familiar, nosotros, si quieren, nos vamos.

MINISTRO   ¡Vosotros quietos ahi! (El MINISTRO *apunta hacia un lado y otro la escopeta.* A ÁNGEL.) Deja el teléfono.

ÁNGEL   ¡No!

(Ángel *Comienza a marcar.*)

MINISTRO   Ángel deja el teléfono. No puedes llamar a la policía, saben lo del mercado.

ÁNGEL   No tienen pruebas.

MINISTRO   Da igual, no podemos permitirnos un escándalo ahora, las elecciones están a la vuelta de la esquina. Deja el teléfono. Lo hablamos en casa.

ÁNGEL   No tengo nada que hablar contigo. (*Al teléfono.*) ¿Policía Municipal?

MINISTRO   ¡Deja el teléfono!

ÁNGEL   ¡No !

MINISTRO   ¡Deja el teléfono, coño! *Al* MINISTRO *se le dispara accidentalmente el arma apuntando al suelo. Pausa.*) ¡Ay, dios mío!

ÁNGEL   ¿¡Me has disparado!?

MINISTRO   Ha sido un accidente.

ÁNGEL   ¡Me has disparado!

MINISTRO   No es nada, te he dado en el pie.

             (ÁNGEL *se mira el pie, lo tiene destrozado. Se
             cae de culo.*)

ÁNGEL   Joder, papá.

             (MONTSE *se dirige a* ÁNGEL.)

MONTSE   ¡Paco dame el cinturón y trae agua oxigena-
             da, gasas y vendas! (PACO *le da el cinturón y se
             va al baño.* MONTSE *va haciendo un torniquete.
             A* ÁNGEL.) Solo te ha rozado.

ÁNGEL   ¡Me falta un dedo!

             (MONTSE *le quita el zapato a* ÁNGEL.)

MONTSE   ¡Manolo coge el dedo y ponlo en hielo!

MANOLO   ¿Qué? ¡No! Vamos a llamar a una ambulan-
             cia Montse.

MONTSE   ¿Y cómo explicamos lo del secuestro?

MANOLO   Montse, esto es intrusismo.

MINISTRO   Ha sido un accidente.

MONTSE   ¡Manolo coge el dedo!

MANOLO   ¿Dónde está?

MONTSE   Ha saltado por allí.

          (MANOLO *comienza a buscar por donde le ha indicado* MONTSE.)

MANOLO   No lo veo... (MANOLO *ve el dedo en la puerta del baño.*)... Ahi está.

          (PACO *sale del baño con gasas, vendas y alcohol. Se queda de pie sobre el dedo.*)

PACO   ¿Alcohol? Agua oxigenada no hay.

MANOLO   ¡Paco!

PACO   ¿Qué?

MONTSE   Alcohol vale.

MANOLO   El dedo, estás pisando el dedo.

PACO   Perdón.

          (MANOLO *coge el dedo.* PACO *le da a* MONTSE *las gasas, el alcochol y la venda.*)

MANOLO   ¿Dónde lo meto?

MONTSE   En un tupper con hielo.

MANOLO   ¿Paco donde tienes los tuppers?

PACO   No lo sé, Manolo.

MANOLO   Joder, de verdad.

          (MANOLO *entra en la cocina.* MONTSE *le echa un chorro de alcohol en la herida.*)

ÁNGEL   ¡Hostia, hostia, para, para, para...!

MINISTRO ¡Te han disparado ellos!

ÁNGEL   ¿Qué?

MONTSE   Que tu padre es un cabrón.

MINISTRO ¡No, vale! Ha sido un accidente de caza. Pasa en las mejores familias.

          (MONTSE *ha terminado de hacerle un vendaje en el pie a* ÁNGEL, *parte el extremo de la venda en dos y hace un nudo.*)

ÁNGEL   ¡Me has pegado un tiro en el pie!

MINISTRO ¡Ya, ya, no saquemos las cosas de quicio!

ÁNGEL   ¡Me falta un dedo!

MINISTRO No te falta nada, lo ha cogido Manolo, lo está metiendo en un tupper. Tú dices que ha sido un accidente y te quedas con los siete millones

ÁNGEL   ¡¿Qué?!

MINISTRO   Con ocho.

ÁNGEL   Con los diez.

MINISTRO   Con los diez, con los diez.

ÁNGEL   Y aceptas mi homosexualidad en público.

            (*Pausa.*)

MINISTRO   Siete millones y tu homosexualidad.

ÁNGEL   Ocho.

MINISTRO   Ocho y me pasas toda la documentación del
            acuerdo con la constructora.

ÁNGEL   La tengo en el correo, te la envió cuando lle-
            guemos a casa.

MINISTRO   ¡Hecho!

            (MANOLO *sale de la cocina con un tupper lleno
            de hielo y el dedo de* ÁNGEL *dentro.*)

ÁNGEL   ¿Y qué hacemos con estos?

MINISTRO   Has dicho que no tienen pruebas.

MANOLO   Nosotros no vamos a decir nada; diselo, Paco.

PACO   No vamos a decir nada, palabra.

MINISTRO   Los creo.

PACO   Me alegro.

MINISTRO   Pero no quiero que piensen que los políticos no tenemos corazón. Para ser un buen mandatario hay que empatizar con el pueblo llano, ¿saben?, con la plebe y yo empatizo.

ÁNGEL   ¡Papá, por favor, no es el momento!

MINISTRO   Empatizo, Ángel, empatizo, tú no has vivido una guerra.

ÁNGEL   Tú tampoco, tienes cincuenta y tres años.

MINISTRO   Bien llevados.

ÁNGEL   No les vas a dar dinero.

MINISTRO   ¡No, dinero no! Los hago funcionarios, o cargos de confianza. ¡Cultura, en cultura tenemos un hueco! Lo comido por lo servido, los dejo en la calle pero los enchufo.

ÁNGEL   ¡Papá!

MINISTRO   Hay cosas que uno tiene que hacer para dormir tranquilo, hijo.

MANOLO   (A PACO.) Así yo podría comprarme la «Play4» y tú no te tienes que ir a Zaragoza, Paco.

MINISTRO   Zaragoza, qué bonita tierra.

ÁNGEL   Me desangro.

MINISTRO   Voy. ¿Qué me dicen?

MANOLO   ¿Sin opositar?

MINISTRO   Sin opositar, un cargo como dios manda.

PACO   No.

MANOLO   ¿No, qué?

PACO   ¡Qué no, Manolo! No me voy a vender a este sinvergüenza, mangante...

MINISTRO   Sin faltar.

PACO   Un trilero, eso es lo que es usted y el maricón de su hijo... maricón como insulto, no como inclinación sexual. No tengo nada contra los gays me parecen gente estupenda y muy alegre...

MONTSE   Te pierdes, Paco.

PACO   Perdón. El caso es que prefiero irme a vivir a Zaragoza, o debajo de un puente, pero ir con la cabeza bien alta. Esto no va de mí, ni de Manolo, ni de Montse, va de un montón de familias...

ÁNGEL   Veinticuatro puestos.

PACO   Veintiocho puestos, más de cincuenta personas que son amigos, que son familia, que se quedan en la calle, ¿y usted nos quiere comprar con un cargo de confianza? Usted debería velar por nuestros intereses, le elegimos para que cuidara de nosotros, le dimos nuestra confianza y a usted le da igual nuestra salud, la educación de nuestros hijos, nuestras pensiones... porque para usted no somos personas, somos euros en una cuenta de Suiza y esto se tiene que acabar señor ministro, así que se puede meter su puesto de funcionario por el culo.

(Pausa.)

MINISTRO   Me hacen pensar en cosas. (*Pausa, Piensa. A* ÁNGEL.) No tienen pruebas, ¿verdad?

ÁNGEL   Ninguna.

MINISTRO   Bueno, pues todo arreglado. Nosotros nos vamos.

ÁNGEL   ¡Gracias a dios!

(El MINISTRO *levanta a* ÁNGEL. ÁNGEL, *coge el móvil y el tupper con su dedo y sale lamentándose.)*

MINISTRO   Venga que no es nada, la de gente que se cortaría un dedo por siete millones.

ÁNGEL   ¡Ocho!

MINISTRO   Ocho, ocho.

             (*Salen. Pausa.*)

MANOLO   (*Con un nudo en la garganta.*) «Cuñao», ha
             sido muy bonito eso que has dicho y... y... y te
             quiero mucho. (*Coge el móvil del vaso de agua.*)
             Igual si lo meto en arroz...

             (MANOLO *se va a la cocina conteniendo el llan-
             to.* MONTSE *le coge la mano a su hermano.* PACO
             mira el boquete del techo.)

PACO   A ver cómo le explico a Pili lo del techo.

MONTSE   Eso te lo tapa Manolo con Aguaplast y la san-
             gre con agua oxigenada sale genial.

             (*Desde la cocina.*)

MANOLO   ¿Paco dónde tienes el arroz?

MONTSE   Cállate, Manolo. Estoy muy orgullosa de ti,
             Paco.

PACO   La verdad es que después de la que se ha lia-
             do perder la casa ya no me parece tan impor-
             tante.

             (MANOLO *sale de la cocina.*)

MANOLO   Montse, lo he estado pensando; nos vamos to-
             dos a vivir a Zaragoza y «arreglao». Yo quie-

ro ver a Pilarín crecer y quiero jugar al mus con Paco; además, tú necesitas cambiar de amistades pero ya.

MONTSE   ¿Y eso lo has pensado ahora, en la cocina?

MANOLO   Ahora mismo.

(*Suena el teléfono de* PACO.)

PACO   Pili. (PACO *descuelga.*) Hola Pili (...) Todo bien, todo bien, ya me ha dicho Montse que has hablado con tus padres (...) No, no estoy enfadado, te quiero mucho Pili, a ti y a Pilarín. (...) Sí, sí, estoy bien, te tengo que contar algo... (...) No, no me pases a la niña... (...) ¡Hola, cariño! ¿Qué haces despierta a estas horas? (...) ¿El tío te ha dado Red Bull? (...) (PACO *se levanta y va saliendo por la derecha.*) Dile a mamá que se ponga (...) ¿Cómo le da tu hermano Red Bull a la niña? (...) Que no te estoy gritando...

(PACO *sale por la derecha.*)

MANOLO   ¿En Zaragoza hay Carrefour?

MONTSE   Te lo miro yo. (MONTSE *mira el móvil que tiene en la mano.*) Este no es mi móvil, Ángel se ha dejado el suyo.

MANOLO   Anda, y su padre decía que no se lo dejaba nunca, mira, así ya no meto el mío en arroz.

MONTSE   ¡Manolo, se ha dejado el móvil!

MANOLO   Ya, ya te he oído y te he dicho que así no meto el mío en arroz. ¿De qué compañía es?

MONTSE   ¡Paco ven! Ángel se ha dejado el móvil.

(PACO *vuelve sin colgar el móvil.*)

PACO   ¿Qué?

MANOLO   Que Ángel se ha dejado el móvil.

PACO   Mira, así no tienes que meter el tuyo en arroz.

MONTSE   De verdad, que vosotros sois gilipollas. ¿Sabéis la clave?

(*Pausa.* PACO *se da cuenta de lo que pasa.*)

PACO   (*Al móvil.*) Ahora te llamo Pili (PACO *cuelga.*) Siete, nueve, uno, dos ¡El correo, tiene toda la documentación en el correo!

(PACO *reacciona y se sienta junto a* MONTSE, MANOLO *se va acercando por la derecha.*)

MONTSE   ¿Cómo entro al mail?

PACO   Aplicaciones/general/ correo... ¡ uy, qué ordenado lo tiene todo! Metete aquí, en sobornos de constructoras. (MONTSE *manipula el móvil*

*y abre el correo, los tres miran atentos a la pan-
talla.)* ¡Virgen santa!

MONTSE   Manolo, mañana salimos todos en El País.

Oscuro.

Fin.

Esta primera edición de *el secuestro*,
de Fran Nortes, terminó de imprimirse
en abril de dos mil veinticinco,
en Madrid.